Qui a peur du Jurugugu ?

Nicolas de Hirsching, d'origine russe, est né à Buenos Aires en 1956, et est arrivé en France à l'âge de sept ans. Parallèlement à son métier d'instituteur, il écrit des contes et des livres pour enfants ; ses élèves sont souvent son premier public.

Du même auteur dans Bayard Poche :
Bonne nuit, Julien ! (Mes premiers J'aime lire)
Le mot interdit – L'atroce monsieur Terroce – La sorcière habite au 47 – Sauvons la maîtresse ! – La marelle magique – Les cent mensonges de Vincent – L'arbre et le roi (J'aime lire)
Une famille treize *étrange* (J'aime lire Plus)

Régis Faller est né en 1968 à Obernai. Il a suivi des études à l'École des arts décoratifs de Strasbourg. Ancien graphiste au magazine *Astrapi*, il a gardé du temps pour illustrer de nombreux ouvrages publiés aux éditions Nathan, Flammarion, Albin Michel et Bayard Jeunesse.

Du même illustrateur dans Bayard Poche :
L'ours abandonné – Les farceurs (Mes premiers J'aime lire)
Petits motus et grands soucis (J'aime lire)

Dépôt légal : mars 2009
ISBN : 978-2-7470-2776-2
Loi du 16 juillet 1949 sur les publications destinées à la jeunesse

Qui a peur du Jurugugu ?

Une histoire écrite par Nicolas de Hirsching
illustrée par Régis Faller

J'AIME LIRE
bayard poche

TERRIFIK!

1
Le musée des horreurs

J'en ai assez des histoires de monstres !

J'en ai assez des histoires de fantômes, des vampires, des loups-garous, des extraterrestres gélatineux, des araignées géantes et des sorcières à la gomme !

Le problème, c'est que mon grand frère Alex, lui, adore ça ! Il ne lit que ce genre de livres, ne voit que ce genre de films et les murs de sa chambre sont tapissés de posters plus horribles les uns que les autres.

Mais l'ennui, c'est que, comme il n'a plus de place, il met ses posters sur mes murs. Ma chambre est devenue la deuxième salle de son musée des horreurs.

Maman a essayé de l'en dissuader* en disant :

– Alex, laisse Guillaume tranquille. Il n'a que neuf ans et demi : ce n'est pas de son âge, ces images-là !

Mais Alex a fait la sourde oreille.

– Mais si ! Ce n'est plus un bébé ! Et puis, tout le monde adore ça !

* Dissuader : convaincre de ne pas faire quelque chose.

« Tout le monde, tout le monde », peut-être, mais pas moi.

Moi, ce que j'aime, ce sont les avions et les voitures de course. Et le problème, c'est que mon frère a des tas de jeux d'avions et de voitures sur sa Z-Box, qu'il me prête en échange d'une partie de mes murs. Alors, si je râle : *couic !* il se les garde, même s'il n'y joue plus depuis longtemps. Maintenant, il joue uniquement au « Massacre des morts-vivants » ou au « Spectre sans tête ».

C'est pour ça que j'ai dit à ma mère :

– Laisse, Maman ! Ce n'est pas grave. Ça ne me dérange pas !

N'empêche, le soir, quand je m'endors en face de Dracula et de la Momie maléfique, je ne suis pas tranquille-tranquille. J'ai l'impression que tous ces monstres vont profiter de mon sommeil pour me sucer le sang ou me couper les doigts de pieds.

Alors, un jour, j'ai décidé d'en finir.

Mon frère aimait les histoires d'horreur ? Il allait en vivre une. Bien effrayante, bien atroce. Il allait voir ce qu'il allait voir !

2
Un plan diabolique

J'ai eu l'idée de mon plan en allant au marché aux puces. Dans un tas de bric-à-brac, j'ai découvert une sorte de statuette africaine horrible : elle représentait un monstre poilu vraiment effrayant. On aurait pu le croire vivant tant il était bien réalisé. Ça m'a coûté dix euros, mais tant pis : « le jeu en vaut la chandelle », comme dit ma grand-mère.

Puis, il me fallait un complice. J'ai choisi Bob, un copain d'Alex qui vient le voir de temps en temps, mais qui n'apprécie pas, lui non plus, tout cet univers monstrueux. J'ai réussi à le convaincre de jouer une bonne farce à mon frère.

Je lui ai surtout promis, en échange de son aide, mon modèle réduit d'un avion Stuka que j'avais mis quarante heures à réaliser et à peindre. Je lui ai aussi remis un double des clefs de la porte qui donne sur le jardin. La chambre d'Alex se trouve juste à côté.

Mon plan était simple : nous allions faire croire à mon frère que la statuette était hantée.

Lorsque j'ai offert la statuette à Alex, il a poussé un cri de joie.

– Wouaou ! Elle est superatroce !

Il m'a tapoté la tête :

– Tu vois que tu commences à avoir du goût !

Il l'a posée sur son étagère, entre Frankenstein et un alien.

– Vraiment super ! a-t-il soufflé.

Puis il m'a entraîné vers le salon pour qu'on regarde un film de science-fiction. Pour une fois, je n'ai pas grogné. Je savais que mon plan se déroulait à merveille. Bob, caché dans le jardin, devait être prêt à intervenir.

Tout s'est bien déroulé. À la fin du film, Alex est retourné dans sa chambre et deux secondes après, il m'a appelé :

– Guillaume, c'est toi qui es venu dans ma chambre ? T'as touché à ma statuette ?

En même temps, il m'a montré « mon cadeau », qui était maintenant posé sur son lit. J'ai répondu très sérieusement :

– Bien sûr que non ! Tu as bien vu que j'étais tout le temps avec toi !

Mon frère s'est mis à pâlir.

– Mais enfin, c'est pas possible, ça ! À part nous deux, il n'y a personne d'autre dans la maison. Alors comment…?

Je le voyais réfléchir très fort, l'air de plus en plus soucieux. Et moi, je me mordais les joues pour ne pas éclater de rire.

3
La statuette hantée

Mon frère a poussé un soupir, comme s'il renonçait à comprendre ce mystère. Il a posé la statuette sur son bureau et il a proposé :

– Bon, allez, on va se faire à dîner ! Les parents rentrent tard, ce soir.

Nous sommes allés dans la cuisine réchauffer le repas que Maman nous avait préparé.

Tout en mangeant, Alex me racontait le dernier « Chair de Trouille » qu'il avait lu et moi je faisais semblant de l'écouter. Mais je ne pensais qu'au plan que j'avais préparé.

Soudain, Alex s'est arrêté de parler et a murmuré :

– Chut ! J'ai entendu un bruit dans ma chambre !

J'ai pris l'air étonné :

– Tu es sûr ?

Alex s'est levé doucement.

– Attends… Je vais voir…

Je l'ai retenu par la main.

– Arrête ! Et si c'était… un voleur ?

En fait, je voulais gagner quelques secondes pour que Bob ait le temps de sortir.

– Eh bien, je l'aplatirai comme une crêpe ! a répondu mon frère en saisissant un rouleau à pâtisserie.

Nous nous sommes dirigés silencieusement vers sa chambre. Arrivé devant la porte, Alex l'a ouverte d'un violent coup de pied et a levé son rouleau. Mais, bien sûr, la chambre était vide.

– C'est curieux ! a-t-il murmuré. Pourtant…

Il a levé les yeux et là, il a lâché son « arme » de stupeur. Sur la dernière étagère de sa bibliothèque, se trouvait la statue.

– C'est toi qui l'as rechangée de place ?

J'ai pris mon air le plus exaspéré possible :

– Mais arrête de m'accuser à chaque fois ! Tu as bien vu que j'étais tout le temps avec toi !

Alex a vérifié que la fenêtre était bien fermée, puis il est allé examiner la porte qui donne sur le jardin. Heureusement, Bob avait eu l'intelligence de donner un tour de clef en partant.

– C'est pas possible, ça ! grognait mon frère sans cesse. Personne n'a pu rentrer et il n'y a que nous deux !

Il est allé chercher sa statuette et l'a retournée dans tous les sens.

– Tiens ? C'est quoi cette inscription en dessous ?

4
Trop drôle

Alex a essuyé la poussière sous le socle et lu :

– « Malheur à toi si tu...! » Zut ! Je n'arrive pas à lire la suite.

Je me suis approché, intrigué : je n'avais rien remarqué en l'achetant.

– Fais voir !

Mon frère m'a tendu la statuette avec un sourire crispé.

– Dis donc, l'andouille ! Tu ne te serais pas fait refiler un Jurugugu ?

– Un quoi ?

– Un objet maléfique dont on ne peut se débarrasser qu'à certaines conditions. Mais là, on ne voit pas tout l'avertissement : c'est effacé.

Moi, j'étais ravi. Cette inscription débile, ça collait tout à fait avec mon plan. J'ai lancé :

– N'importe quoi ! Tu ne vas pas me dire que tu crois à des trucs pareils ?

– Ben, en attendant, a dit Alex, tu peux te le garder, ton cadeau !

Là, j'ai éclaté de rire et je me suis mis à chanter :

– Oh ! le trouillard ! Oh hé ! le dégonflé ! Il a les chocottes à cause d'une pauvre statue !

Mon frère m'a pris par les épaules et m'a poussé hors de sa chambre.

– En attendant, tu dégages et tu me débarrasses de ta cochonnerie de Jurugugu !

Il a claqué la porte, mais, moi, je continuais à me moquer de lui :

– Ouuuuh ! Attentiooooon ! Le sorcier arriiiive !

À ce moment, j'ai entendu mes parents rentrer du travail. Je me suis précipité vers eux en chantonnant :

– Alex est un gros trouillard…

Puis, entre deux hoquets de rire, j'ai raconté à mes parents que mon frère était terrorisé par mon cadeau. Mais je n'ai rien dit de mon plan : je préférais qu'il continue à avoir peur.

Mon frère nous a rejoints dans le couloir.

– Voilà ce que c'est ! a dit Maman. À force de ne t'intéresser qu'à ces histoires horribles, tu finis par y croire !

– Tu es sûr que tes posters ne sont pas hantés, eux aussi ? plaisantait Papa. Parce que sinon... Ouh ! là, là ! ajoutait-il en claquant des dents et en faisant semblant de trembler.

Alex se contentait de hausser les épaules, les yeux baissés.

Moi, j'étais ravi de ma journée.

Avant de me coucher, j'ai pris le portable de ma mère, je me suis enfermé dans ma chambre et j'ai téléphoné à Bob pour le remercier. Mais avant que j'aie pu dire quoi que ce soit, Bob s'est excusé :

– Dis donc, vieux ! Je suis désolé, mais je n'ai pas pu venir, aujourd'hui ! J'étais bloqué chez moi à cause de ma tante qui est venue nous rendre visite !

5

Pris à son propre piège

Bob n'était pas venu !

En entendant cela, j'ai eu l'impression que le ciel me tombait sur la tête. J'ai balbutié que ce n'était pas grave et j'ai raccroché. Je me suis retourné vers la statuette que j'avais posée sur mon bureau. J'avais beau chercher, je ne trouvais aucune explication logique : si Bob n'était pas venu, comment la statuette avait-elle changé de place ?

Je l'ai fixée longtemps : elle semblait se moquer de moi avec son vilain sourire… Je ne voulais pas croire à toutes ces histoires de maléfices, mais d'un autre côté… Alors, d'un coup, je me suis décidé. Je me suis précipité sur elle et je l'ai jetée au fond de mon armoire. Puis, j'ai fermé la porte à double tour et je l'ai coincée avec une chaise posée de travers en lançant :

– Essaie un peu de sortir de là, Jurugugu à la noix !

N'empêche, je n'étais pas tranquille. Toute la nuit, je suis resté les yeux ouverts, à fixer la porte de mon armoire. Mais au petit matin, sans que je m'en aperçoive, mes yeux se sont fermés…

Et quelques heures après, quand je les ai rouverts… j'ai cru mourir de peur ! La chaise qui se trouvait devant le placard était renversée, la porte du placard était grande ouverte, et la statuette était sur mon lit ! D'ailleurs, un désordre indescriptible régnait dans ma chambre. Tous mes vêtements et mes livres jonchaient le sol.

Pris de panique, j'ai recouvert la statuette avec ma couverture et j'ai sauté du lit. Mais j'avais mal calculé mon coup. Mon pied gauche s'est coincé dans le drap et je me suis étalé par terre. Et le pire, c'est qu'en tombant, j'ai entraîné la couverture. Le Jurugugu a fait un vol plané et a atterri sur moi. Je lui ai balancé un coup de pied de toutes mes forces et je me suis enfui en appelant :

– Papa ! Maman ! Viiiite !

Mes parents ont accouru, en pyjama, suivis de mon frère, et je me suis jeté dans leurs bras en pleurant. Je leur ai tout raconté de A jusqu'à Z : ma farce avec l'aide de Bob, Bob qui n'était pas venu, et la statuette qui bougeait vraiment toute seule et voulait m'attaquer…

Papa a éclaté de rire.

– Guillaume ! Je te croyais plus raisonnable !

– Mais Papa, je te jure…

– Arrête ! De toute façon, je connais le coupable !

6
Finalement…

Papa s'est tourné vers mon frère :

– Bravo Alex, bien joué ! Tu lui as bien rendu la monnaie de sa pièce !

J'ai bredouillé :

– Quoi ? Mais qu'est-ce qu'Alex a à voir là-dedans ?

– Ça me semble logique, a répondu Papa : Bob a sûrement vendu la mèche à Alex et tous les deux ont décidé à leur tour de te faire peur avec cette « superbe » statuette.

J'étais abasourdi, honteux, soulagé et furieux à la fois.

J'ai hurlé en me tournant vers mon frère :

– Quoi ! Bob m'a menti ? Il est vraiment venu et il était d'accord avec toi ?

– Dis donc, microbe ! Qui a commencé ? On t'a fait exactement ce que tu voulais me faire !

J'avais carrément envie de l'étrangler. Me faire prendre à mon propre piège, c'était trop humiliant.

Maman est alors intervenue :

– En attendant, tous les deux, vous allez ranger cette chambre ! Alex, tu as mis un beau bazar !

– Hein ? a protesté mon frère. Mais je n'ai rien fait, moi ! Pour hier, c'est vrai, on l'a fait marcher. Mais cette fois-ci, Bob et moi, on n'y est pour rien.

– Mais oui, a coupé Papa. Qui c'est, alors ? Ce n'est pas Guillaume, il était mort de peur ! Alors, c'est Maman, peut-être ? Ou moi ?

Alex a baissé la tête et a murmuré :

– Ça va, c'est bon !

Et il m'a entraîné dans ma chambre pour tout remettre en ordre. Bizarrement, il avait l'air soucieux. Soucieux et… inquiet.

Je lui ai demandé :

– Pourquoi tu fais cette tête ? Tu devrais être content. Tu m'as bien eu !

Il m'a regardé, l'air embarrassé.

– Écoute, Guillaume ! Papa et Maman ne veulent pas me croire… mais je te jure sur ma collection de Monsters Mutants que je n'ai rien touché dans ta chambre, cette nuit !

Là, mon estomac s'est remis à faire des nœuds. Alex était sincère, ça se voyait. Et puis sa collection de Monsters Mutants, c'était sacré pour lui.

J'ai murmuré :

– Mais alors… finalement…

– Finalement, m'a coupé Alex, tu vas vraiment te débarrasser de cette cochonnerie de Jurugugu et tu ne m'en reparles plus jamais !

Je suis allé chercher la statuette sous mon lit. Elle n'avait pas bougé depuis mon fameux coup de pied. Mes doigts tremblaient un peu. J'avais l'impression que la statuette allait me mordre la main. Mais, heureusement, rien n'est arrivé. Je l'ai enfermée dans un sac et je suis allé le mettre dans la grande poubelle dehors. Après quoi, mon frère et moi avons fini de ranger ma chambre en silence.

Dans l'après-midi, Alex est revenu me voir et m'a dit :

– Tu sais, Guillaume, tu n'es pas obligé de garder mes affiches dans ta chambre. Si elles te gênent, je peux les enlever !

J'ai tenté de cacher ma joie, mais je ne pouvais m'empêcher de penser : « Youpi ! Finalement, il n'a pas que du mauvais, le Jurugugu ! »

Cher lecteur, si tu as un esprit scientifique, logique et réaliste, cette fin est pour toi.

7
Les aveux

Le soir même, en se couchant, Bob pense à sa journée. Il a le sourire aux lèvres :

– C'était drôlement risqué de retourner chez Guillaume, ce matin, et de mettre le bazar

UNREAL
FIN, MAIS...

Cher lecteur, si tu es imaginatif, rêveur et amateur de frissons, cette fin est pour toi.

7 bis
Le coupable

Cette nuit-là, la lune est pleine. Elle éclaire la poubelle qui se trouve devant la porte de la maison d'Alex. Soudain, le couvercle se soulève. Une tête en bois, avec une épluchure de pomme de terre accrochée à l'oreille, apparaît. Puis une main en bois agrippe le rebord, suivie par une deuxième main. Le Jurugugu se redresse entièrement et saute à terre. Il époussette son corps et regarde la maison en secouant la tête. Puis, sans faire de bruit, il se met en marche, s'éloigne et disparaît dans le lointain...

SOLDE
FIN...

Achevé d'imprimer en janvier 2009 par Pollina S.A.
85400 LUÇON - N° Impression : L48556B
Imprimé en France